Über dieses Buch

Dieses Buch ist ein Werk der Liebe.

Es handelt von unserer westlichen Sicht der Welt, unseren gesellschaftlich gepflegten Verhaltens- und Handlungsweisen und wie wir dadurch uns Selbst und unser Leben immer wieder einengen.

Auf klare, wertfreie und berührende Art wird der Leser durch die jeweiligen Licht-Botschaften in ein Geheimnis hineingeführt, wo er selbst ganzheitlich fühlen und erkennen kann, was es zu tun gilt, um mit sich in Liebe auf dieser Erde zu sein.

Du erfährst, was es konkret zu unterlassen gilt, wenn du dich nicht mehr weiter im ewigen Rad des Hin und Her, Auf und Ab bewegen möchtest.

Was Leben WIRKLICH IST...

Leben aus der Sicht der Liebe

Dieses Buch ist aufgrund dessen entstanden,
dass Leben aus der Sicht der Liebe,
etwas ganz anderes IST, wie das,
wonach wir Menschen in unserer Kultur leben.

Wirkliches Leben ist nicht etwas
Erdachtes oder Planbares.

Das WIRKLICHE, das WAHRE Leben
erwächst jeden Moment,
aus dem gefühlten mit sich Da-Sein.

Mit sich im Moment Sein.
Dem, mit sich in der eigenen gefühlten
Präsenz Sein.

Dadurch stellt sich in einem Selbst auch eine innere
selbstverständliche Liebe ein.

Zu einem Selbst und zu Anderen.

Impressum

Bibliografische Information der Deutschen Nationalbibliothek:

Die Deutsche Nationalbibliothek verzeichnet diese Publikation in der Deutschen Nationalbibliografie; detaillierte bibliografische Daten sind im Internet über http://dnb.dnb.de abrufbar

© 2017 Karoline Steinmann Frey
Spirituelles Zentrum Rheinschlucht
CH - 7104 Versam

www.spirituelleszentrum.ch

Weitere Mitwirkende:
Fabia Caminada - Spirituelles Zentrum Rheinschlucht
Gunnar Meier - Photography

Herstellung und Verlag:
BoD – Books on Demand, Norderstedt

ISBN 9783744890106

Was Leben WIRKLICH IST...

Dieses Buch richtet sich an,

dein Ganzes Sein.

deinen Fest-Stofflichen Körper,

so wie an deinen Fein-Stofflichen Körper.

deinen Verstand, dein Denken,

deine Verhaltensmuster, deine Handlungsweisen,

deinen Körper, deinen Geist,

dein Herz, deine Seele,

deine Energie, dein Bewusstsein,

deine Liebe,

dein Licht Sein.

An deine ureigenste,

in dir liegende Wahrheit.

Amen

Was Leben WIRKLICH IST...

Dieses Buch ist, durch mein im Dialog mit der Schöpfung sein, entstanden.

Es ließ mich horchen, jahrelang in tiefliegende Zusammenhänge fühlend und ganzheitlich wahrnehmend hineinhorchen. So kamen zu Tage, all diese Licht-Botschaften zu Tage, die uns in ein ganz anderes Lebensverständnis hineinführen.

Ja hineinführen. Denn es sind geschriebene Hineinführungen in das Geheimnis der Existenz. Eine Hineinführung führt dich, sofern du es zulässt, mit all deinen Sinnen, deinen Fest- und Fein-Stofflichen Sinnen in das Geheimnis hinein und lässt dich dieses auf allen Ebenen deines Seins erfahren - Ganzheitlich erfahren.

Dieses Buch ist eine Reise. Eine ganz tiefgehende und dich zutiefst in Verbindung bringende Lebens Reise, in das Leben selbst.

Vielleicht kannst du zu Beginn nicht gerade alles verstehen. Doch immer mehr wirst du, in die hinter allem stehenden Zusammenhänge sehen und diese immer mehr in dir verstehen. Ganzheitlich verstehen.

Dies ist von großer Bedeutung. Denn ohne das gefühlte Sehen kannst du nicht die ganzen Zusammenhänge sehen.

Du kannst nur immer Teilaspekte dessen sehen und du kannst so die Welt nicht in ihrer Einzigartigkeit und Ursprünglichkeit sehen.

Verstehst du?

Was Leben WIRKLICH IST...

Dieses Buch bereitet dich vor, auf ein ganz anderes Leben vor.

Auf ein ganz anderes mit dir im Leben Sein vor.

Es bereitet dich auf die Liebe vor. Auf das mit dir in Liebe Sein vor. Und das ist ein ganz anderes Leben. Das ist das Leben Selbst.

Ohne Absprache. Ohne Schmälerung. Ohne Klischees. Ohne Angst. Ohne Gebundenheit an feste Formen.

Es ist voller Lachen, voller Tiefe, voller Verbundenheit.

Ich wünsche dir eine ganz, ganz wunderbare Reise. Eine Reise zu Dir, zu Deinem ureigensten Sein. Zu Hause Sein.

In großer Liebe und Verbundenheit

Karoline Steinmann Frey

Was Leben WIRKLICH IST...

Was Leben WIRKLICH IST...

Inhalt

Was Leben WIRKLICH IST...

Was Leben WIRKLICH IST...

Was Leben WIRKLICH IST...

Warum dieses Buch so kostbar ist...

Weil es dir Gutes tun kann. Weil es aus dem Bewusstseins-Feld der Liebe zu dir spricht. Weil es dich eigenständig in eine ganz andere Da-Seins-Welt führt. Eine Welt zum Wohle Aller.

In dieser Da-Seins-Welt gibt es keine Unterordnung oder Überordnung. Keine Wertung, Verurteilung, Täuschung, Trennung oder Abgrenzung. In dieser Welt kann Alles sein was IST. Miteinander, Nebeneinander, Durcheinander. Nicht mehr und nicht weniger.

Das ist das Bewusstsein - die Welt vom alten Paradies. Das ist das Leben, so wie es im Ursprung geschaffen IST.

An genau dies dürfen wir uns erinnern. In dieser Da-Seins-Welt dürfen wir Menschen uns begegnen - in unserem Ursprung. Denn das vereinigt und beseelt uns.

Wer schrieb dieses Buch?

Mein Name ist Karoline Steinmann Frey. Als Mystagogin und Licht-Botschafterin erhalte ich Botschaften zum Leben auf der Erde aus dem Licht – aus der Sicht der Liebe.

Diese Licht-Botschaften sind nicht von mir als Mensch geschrieben. Sie wurden lediglich durch mich gesprochen und aufgeschrieben.

Die Licht-Botschaften wurden von mir so weitergegeben, wie sie zu mir gekommen sind. Unzensuriert durch Rechtschreiberegeln. Um gewisse Worte in ihrer Ausdruckskraft zu unterstützen, sind sie in einer Art von Kunstschreibweise geschrieben.

Über die in diesem Buch vorkommenden Licht-Botschaften

- Diese Licht-Botschaften bringen uns einerseits unsere in die Irre führenden gesellschaftlichen Verhaltensweisen näher.

- Anderseits zeigen sie uns auf, weshalb wir bei nicht auf Liebe basierenden Verhaltensweisen, immer wieder im Widerstreit mit uns und anderen Menschen sind.

- Im Weiteren teilen sie uns mit, was jeweils hinter einem vordergründigen Thema steht, und wie wir uns auf einfache Art daraus befreien können ☺

- Einige Licht-Botschaften kommen in Dialogen, andere in Erzählungen oder in Form von Geschichten daher.

- *In diesem Buch sind die Licht-Botschaften in Kursiv Schrift.*

Die Licht-Botschaften kommen in Licht-Sprache daher

Dies ist eine Form der Ur - oder Seelensprache, die direkt mit unseren Zellen kommuniziert und uns eine Wieder- bzw. Neuorientierung in den Ur-Frequenzen ermöglicht. Es ist eine zutiefst liebevolle, einladende und klingende Sprache.

Eine Sprache, die in unserem Kulturkreis längst vergessen wurde.

Es ist Zeit, dass diese verstummte Stimme von uns wieder erhört wird.

Die Licht-Sprache lässt uns bedeutungsvolle Botschaften für unser Leben auf Erden zukommen.

Sie lässt uns „nach Hause" kommen.

In die Lebenshaltung der Liebe - des Lichts. In unser ureigenstes Sein.

Was Leben WIRKLICH IST...

Naturbelassene Poesie

In poetischer Versform sprechen die Botschaften durch ihren Klang und ihre Schwingung direkt mit unserem Unterbewusstsein. So beziehen sie unser ganzes Mensch Sein ein.

So werden sie von uns auf ureigenste Weise gefühlt und verstanden - und ermöglichen uns tiefe Einsicht in Themen die für uns Menschen von WIRKLICHER Bedeutung sind.

Auf diese Art lüften die Licht-Botschaften in uns den Schleier der unbewussten, persönlichen Kleinhaltung.

Sie führen uns in eine übergeordnete Seins-Weise, die die Welt aus den Augen der Liebe, des Lichts und der Verbundenheit sieht.

Sie stärken unser Bewusstsein für das Leben wie es WIRKLICH IST.

Zu innerer Wahrheit & Klarheit

Das Lesen dieser Licht-Botschaften ist viel mehr als die Inspiration eines schönen Gedichtbands.

Es ist ein konkreter Wegweiser zu innerer Klarheit und Wahrheit.

Weil sie dich mit deinem tief in dir liegenden Wissen in Verbindung bringen.

Weil sie dich in das Geheimnis der Existenz führen.

Was Leben WIRKLICH IST...

„Es ist ein Licht zum Wohle aller
weil es alles so sieht wie es IST

nicht wie es von den Menschen gedacht
oder gemacht ist

du bewegst dich dann so
hinter allem was IST

du bewegst dich so nicht in Verurteilungen
Ansichten

du bewegst dich dadurch eine Stufe
weiter hinten

hinter allem was IST
so wie es ursprünglich gedacht IST

ohne die klein machende
und unterteilende menschliche Sicht"

Ich wünsche dir kostbare Momente mit diesem Buch. Und dabei, die Erkenntnisse in dein Leben zu tragen. Für dich.

Von Herzen

Karoline Steinmann-Frey

Was Leben WIRKLICH IST...

Zu Neuem Leben erwachen

Wenn die Wahrheit mit uns spricht

zu uns Menschen spricht
als das reinste Elixier spricht
dann schwinden die Sorgen und die alten Ängste...

Weil es dich einlädt
ja, weil es dich einlädt zu folgen,
deinem Licht-Sein zu folgen.
Diesem Ausmaß deines Lichtes zu folgen.

Dich zu erheben,
aus klein machenden Strukturen zu erheben,
die danach trachten,
die nur danach trachten dich zu entehren,
dich zu entmündigen.

Für das seid ihr Menschen nicht gekommen,
auf diese Erde gekommen.

Wollt ihr euch denn gar nicht daran erinnern
für was ihr einst seid gekommen
auf diese Erde gekommen?

Was Leben WIRKLICH IST...

Ja, liebe Menschen,
wollt ihr euch denn gar nicht erinnern.

Wollt ihr lieber noch etwas unzufrieden sein
mit eurem ureigensten Da-Sein unzufrieden sein und
euch beschweren, im Außen beschweren.

Natürlich nur im Außen beschweren, anstatt dich in
deinem Innern Sein zu beschweren.

In deinem ureigensten Mensch Sein zu beschweren,
bei der Instanz zu beschweren,
die nicht den Ruf hat,
die oder der zu sein, der/ die sie wahrlich IST.

Aus Angst zu verlieren,
den Bonus, die Wertschätzung der anderen zu verlieren.

Doch über welche Wertschätzung,
über welchen Bonus reden wir da überhaupt.

Gibt es einen Bonus oder gibt es nur immer
Vortäuschung falscher Tatsachen,
weil alles immer ist verdreht.

Keiner mehr die Courage hat ganz wahr zu sein
und für dies ganz Da zu Sein.

Versteht ihr?

Was Leben WIRKLICH IST...

Für was denn genau ganz Wahr Sein.
Ja, das ist eine wichtige Frage.

Mir scheint,
dass wir genau dies vergessen haben in unserer Zeit.

Vollends vergessen haben,
aus lauter…

Ja aus lauter selbst Verleugnung
haben wir gelernt zu parieren und zu reagieren.

Immer auf das was von Außen kommt
ohne innerlich genau zu wissen,
woher was eigentlich kommt.

Weil wir uns gar nicht die Zeit dafür nehmen.

Viel zu schnell schon wieder weitergehen
um wahrlich in uns zu verstehen,
das ganze Ausmaß zu verstehen…

Um was es auf dieser Erde geht...

Alles ist vorhanden und so gewollt
Von der Schöpfung gewollt

Doch wir Menschen wollen dies einfach nicht wahrhaben

Wir unterteilen in gut und schlecht
und in
ich weiß es besser wie du

Daraus wird dann eine ganz kleine Welt

Die Welt des Tadels

Und ein ganz kleiner Lebensspielraum entsteht
In welchem es sich dann nur noch gilt zu behaupten
oder zu erliegen

Darauf baut dann auf
unser ganzes Leben auf

Erniedrigung auf
Erhöhung auf

Und viele versuchen dann ihr Glück in der Nachahmerei

Was Leben WIRKLICH IST...

Doch das ist nicht Leben

Hinter allem Leben steht eine viel größere Sicht

Eine wohlwollende Sicht
Keine bestrafende Sicht

Eine gleichwertige Sicht

Dass Alles einfach nur IST

So gewollt ist wie es IST

So sein darf wie es IST

Was Leben WIRKLICH IST...

Es geht nicht um Besser oder Schlechter Sein

Es geht nicht darum
in unserem Kommen besser oder schlechter zu Sein

Es geht nur darum
dass alle Sind

Dies gilt es zu begreifen
in unserer Gesellschaft zu begreifen
dass alle Gleichwertig Sind

Ihr seid noch verhaftet
an Wertigkeit verhaftet

und ihr wollt sehen
die Welt mit diesen Augen sehen
besser oder schlechter sehen

Doch ihr könnt nicht sehen
die Welt so wirklich sehen
weil die Welt nicht so IST

In dieser
mit dieser Wertigkeit im Universum IST

Weil sie einfach IST wie sie IST
mit Allem was sie IST

Kein Besser
kein Schlechter

Was Leben WIRKLICH IST...

alles ist einfach vorhanden
und mehr soll es nicht Sein
und muss es auch nicht Sein

Dies in sich zu fühlen
stellt alles in dir ganz NEU ein
und du richtest dich in deinem Leben
wieder ganz anders ein

Alles IST da
alles hat Raum
ein Lassen
ein Zulassen
ein ganz ganz großes Zulassen

Was für ein Traum

Leben du hast mich gerufen

Du hast mich gerufen
hier auf diese Erde gerufen

In dieses Leben gerufen

Für was hast du mich gerufen
genau auf diese Erde gerufen

Für welchen Sinn und Zweck
hast du mich gerufen

Ich habe dich gerufen
damit du ganz bei dir kannst Sein
als Energie in einem menschlichen Körper kannst Sein

Um zu inkarnieren

Was immer will da inkarnieren
doch um zu inkarnieren

Du sollst dich inkarnieren
auf dieser Erde inkarnieren

Weil du
weil du
gemacht BIST
für dieses Inkarnieren gemacht BIST

Was Leben WIRKLICH IST...

Ja weil du gemacht BIST
für dieses Inkarnieren gemacht BIST

Inkarnieren IST
Energie IST
Menschliches Sein IST

Das alles will Eins-Sein
Ja das alles will Eins-Sein

Zum Wohle Aller sein
zum Wohle aller Welten sein

Nicht nur zu deinem Wohle sein
nein zum Wohle aller Daseinsformen sein

Verstehst du

Ja ich verstehe ganz fein
Ich verstehe

Beziehungsweise ich beginne zu verstehen

So wahrlich das IST
lass mich sehen
in all die Zusammenhänge sehen
die da sind vorhanden

Was Leben WIRKLICH IST...

auf dieser Welt
auf diesem Planeten
in diesem Universum sind

Ja lass mich sehen
da ganz tief hinein Sehen

In dieses Reich der Wunder
der Möglichkeiten
der Vielfalt
der Geheimnisse

Ja lass mich sehen
all diesen Reichtum sehen
der da einfach IST

Unangetastet IST
doch für uns Menschen ganz einfach Da IST

Für uns alle gemacht IST
Ja für uns alle gemacht IST
und zum Wohle aller gemacht IST

Ich danke dir
oh Schöpfung

Ich danke dir
dass du nicht von Menschen gemacht BIST
dass ich aus dir gemacht BIN

Was Leben WIRKLICH IST...

Und so darf verweilen
in diesem Universum als Teil der Schöpfung darf
verweilen

Ohne Wenn und Aber
Ja ohne Wenn und Aber

Einfach Täglich – Stündlich - Minütlich

Ja
jeden Moment einfach nur darf in dir verweilen

In deiner Güte
in deiner Gnade
in deiner Grosszügigkeit
in deinem Alles was du Bist

Was du geschaffen und ungeschaffen Bist

Amen

Was Leben WIRKLICH IST...

Wenn immer Sein kann was gerade IST

Was ist das für ein Sein
wenn immer Sein kann was gerade IST

Keine Dogmen SIND
Kein Dogma IST

Das heißt
sich und seinem ureigensten Sein treu sein

Sich nicht versteifen
auf irgend etwas versteifen
das gar nicht will sein
oder nicht mehr will sein

Weil es gekostet
bereits von dir gekostet
und deshalb gar nicht mehr muss sein
in deinem Leben nicht mehr muss sein

In anderen ihrem Leben darf sein
doch in deinem Leben nicht mehr muss sein

Verstehst du

Ja ich verstehe

Ein bemerkenswertes Sein
weil so immer das kann sein
was IST

Was Leben WIRKLICH IST...

Was wirklich IST
Was wirklich Thema in deinem Leben IST

Du musst dich so nicht versteifen
auf irgend etwas versteifen
das gar nicht IST
beziehungsweise nicht mehr Thema in deinem Leben IST

So einfach

Lass dein Suchen sein
Lass es einfach so sein wie es grad IST

Verstehst du

Was dann ist vor Ort
ist der Ort
diese Energie

Und du kannst lassen
das Ewige Sein lassen

Machen lassen
Ändern lassen
Walten lassen

Und du kehrst ein
in dein seliges Sein ein

Was willst du mehr

Was Leben WIRKLICH IST...

Wandel

Gehe mit
mit dem Wandel
der grad in dir IST

Halte an nichts fest

geh einfach weiter
geh

Aus dem Sein heraus Da-Sein lässt das Sachliche schwinden

Es rutscht ab
wie Schnee von einem Tannenbaum

Es schmilzt darnieder und weicht dem Sein

Strukturen verblassen

Sein oder Nicht Sein
Ein Jeder entscheidet zwischen diesen beiden Welten

Das Eine gibt sich dem Sein
der Schönheit
der Weichheit
der Berührung hin
dem in Milde mit sich und anderen Da-Sein

Man bleibt stets bei sich im ureigensten Sein

Das Andere gibt sich dem Sachlichen
dem Abstrakten
den Worten
und dem Harten hin

Im Gefecht
im Partei ergreifen
in der Dualität

Was Leben WIRKLICH IST...

Sich nicht identifizieren – Mit einem Tun oder Sein identifizieren

Auch dies lasse sein
so kann das Vollkommene Sein
das vollkommene Glück in dir sein

Verstehst du

Vollkommenes Glück – Liebe – Licht - Hingabe
Dies Alles ist ein Sein
Ein Sein vom Nichtsein Sein

Nichtsein heißt hier
nicht in irgendeiner Identität Sein

Das Außen zu lassen
es nicht zu fassen und doch Da-Sein

Dies ist jedoch ganz anderer Natur

Ganz anderer Da-Seins-Kultur
Dies ist der entscheidende Schritt

Dieses Tun ins Nicht Tun ist der entscheidende Schritt
der dich löst
aus Allem heraus löst
und dich nährt
in deinem tiefsten Sein nährt

Was Leben WIRKLICH IST...

Seid willkommen
in diesem Sein willkommen
in eurem Sein vollends willkommen
und ihr könnt Die Sein
Die ihr seid gekommen

Energie Sein
Licht Sein
Hingabe Sein

Ihr müsst vollends nach Innen gerichtet sein
und von da aus lauschen
den Dingen lauschen die Da Sind

Versteht ihr

Aus dem inneren Lauschen entsteht
ein Bild
ein Klang
ein Gefühl
das dann umgesetzt will sein
aus dem Inneren lauschen

Versteht ihr

Nichts Anderem sollt ihr lauschen

Eurem Innern Sein sollt ihr lauschen
und mit ihm ganz intensiv zusammen sein

Es geht um eine ganz große Da-Seins-Präsenz

Was Leben WIRKLICH IST...

Da-Seins-Präsenz

Ja
Da-Seins-Präsenz die IST

Die Gnade Gottes IST
die reine Gnade Gottes IST

Spürt
fühlt ihr dieses Licht
das Ganze Gottes Licht

Ja
fühlt und wühlt in diesem Licht
und seid dankbar für dieses Licht

Da ist noch mehr am Kommen
immer mehr am Kommen

Wie geschieht uns
wenn wir uns lösen
von unserem Außen lösen
von unseren Identifikationen

Ein Eingeständnis euch selbst gegenüber...

Ihr seid Ihr
Du bist Du

Ja
Du bist Du

Was Leben WIRKLICH IST...

Du bist nicht die Geschehnisse
Die Äußeren Geschehnisse und deren Identifikationen
Du bist Du

Du bist dein Sein
und mehr musst du
und kannst du auch gar nicht sein

Dies gilt es zu unterscheiden
in deinem Leben zu unterscheiden
viel mehr zu unterscheiden
dass du nicht du bist
sprich dein Arbeiten
dein Tun
dein .... bist

Dass du lediglich du bist
Mehr nicht du bist

Mehr nicht du bist
aus dem heraus kann entspringen
wahre Freude entspringen

Verstehst du

Weil du frei
frei von deinem Tun frei

Frei Die zu Sein
die du gekommen BIST

Was Leben WIRKLICH IST...

Weil du nicht bist
dein Tun
dein Außen bist

So einfach ist dies

Ja
so einfach

Dadurch stellt sich ein
bei dir ein ganz anderes Sein ein

Ein Sein ohne zu müssen

Dein Licht Sein
stellt sich ein
augenblicklich ein

Ich will nicht Tun – Ich will Sein

Stille

Nur in der Stille kannst du dich selbst sehen und verstehen

*Was willst du im Außen reden
nur du musst dich hören*

Das ist das Allerwichtigste

Licht Sein heißt,
ein immerwährender Quell Sein ...

von Da-Seins-Energie Sein

der einfach IST
Da IST

Und was bringt das hervor
bei uns Menschen hervor

Ein ganz anderes Sein bringt dies hervor
ein mit sich Sein
mit sich Da-Sein
und vollends zufrieden Sein mit seinem Sein

nichts Anderes mehr wollen
nur Da-Sein wollen
in dieser Energie Sein wollen
Licht-Sein wollen

Das entschlüsselt die Kräfte
die Anderen Da-Seins-Kräfte

Genau das entschlüsselt die Kräfte
die nicht wahren Kräfte

Was sind das für Kräfte
die nicht wahren Kräfte

Alles selbst gemachte
von den Menschen gemachten Kräfte

Was Leben WIRKLICH IST...

Diese gilt es zu durchdringen
mit eurem Da-Sein zu durchdringen
um zu gelingen
an den wahren Lebenspuls zu gelingen
um an den wahren Lebensstrom
und Lebenssinn zu gelingen

Seid ihr da drin
wird euch gelingen
eine ganz andere Lebensart gelingen

Verstehst du

Da drin entfallen alle Da-Seins-Strukturen
die Äußeren
und man IST
wie eine geschälte Orange ☺

Man IST und duftet einfach wunderbar
nach Süß
nach Licht
nach Reife
nach Sinnlichkeit
nach Kostbarkeit

nach...
nach...
unendlicher Da-Seins-Energie

Was Leben WIRKLICH IST...

Das benebelt die Sinne

Die Äußeren Sinne
und man wird trunken
von dem was IST trunken
von dem was in einem IST trunken
so trunken du bist
so trunken du bist

Du siehst das Außen in einem ganz anderen Licht

Du greifst nicht mehr an
denn du siehst was wer kann
was wer nicht kann
zu was er Fähig
zu was er nicht Fähig

Du greifst nicht mehr an
weil du siehst zu was du Fähig
selbst Fähig

Drum greif nicht mehr an
genieße dein Fähig

Dein mit dir Da-Sein
in deiner Welt Sein
in deinem Licht Sein
vollends aufgelöst Sein
in Allem was IST☺

Was Leben WIRKLICH IST...

Und du BIST die du BIST
weil du Nichtbist

Reine Ursprungsenergie BIST
die es gilt zu genießen
vollends zu genießen

Strenge dich nicht an
DU BIST bereits Da

Wo immer du BIST

Du BIST bereits Da
in Allem enthalten du BIST
in Allem was IST enthalten du BIST

Was Leben WIRKLICH IST...

Was Leben WIRKLICH IST...

Unruhe IST

Weil man nicht IST
In seinem ureigensten Sein IST
So einfach

Weil man irgendwo sonst ist
mit seinen Gedanken
mit seiner Aufmerksamkeit nicht im ureigensten Sein IST

Ja große Unruhe IST

Weil wir alle nicht sind
im ureigensten Sein Sind

Überall sind
nur nicht bei uns selber sind
mit unseren Gedanken bei den Anderen oder Anderem
sind

Darum lerne zu Sein
mit dir in deinem ureigensten Sein zu Sein

Um dich daran zu gewöhnen
an dein ureigenstes Sein zu gewöhnen
dass du gekommen Bist

An nichts Anderes musst du dich gewöhnen
nur an dein ureigenstes Kommen gewöhnen

So dass Sein kann was IST

Was Leben WIRKLICH IST...

Alles ist Gleichwertig

Unsere Welt der Sicht und wie wir uns und unser Leben
damit einengen

Alles IST
Alles ist vorhanden und so gewollt
von der Schöpfung gewollt
vom Universum gewollt

Doch wir Menschen wollen dies einfach nicht wahrhaben

Wir unterteilen in gut und schlecht
und in
ich weiß es besser wie du

Daraus wird dann eine ganz kleine Welt
Die Welt des Tadels
und ein ganz kleiner Lebensspielraum entsteht

In welchem es sich dann nur noch gilt zu behaupten oder
zu erliegen

Darauf baut dann auf
unser ganzes Leben auf

Erniedrigung auf
Erhöhung auf
und viele versuchen dann ihr Glück in der Nachahmerei

Doch das ist nicht Leben

Was Leben WIRKLICH IST...

Hinter allem Leben steht eine viel größere Sicht
eine wohlwollende Sicht

Keine bestrafende Sicht

Eine Gleichwertige Sicht
dass Alles einfach nur IST

So gewollt ist wie es IST
so sein darf wie es IST

Was Leben WIRKLICH IST...

Versöhnen

Ich möchte in tiefer Versöhnung mit mir Sein
Im ganz großen Eins-Sein mit mir Sein

Wie kann ich das tun

In dem du es BIST
Eins mit allem BIST

Dich gegen nichts sträubst
Eins mit allem BIST

Dass du alles nimmst wie es IST
Nicht in Auflehnung bist

So kannst du immer Eins-Sein
mit dir und allem was IST Eins-Sein
ohne dich zu wehren

So kannst du nur das Verbindende sehen
nicht das Trennende sehen

Das sich Einlassende sehen
und du beginnst zu verstehen
warum das so ist

Das heißt sich versöhnen
mit allem was ist bis aufs Tiefste versöhnen

In keiner Trennung mehr sein
in keiner Abspaltung mehr sein
mit allem Verbunden sein

Was Leben WIRKLICH IST...

Im Kern verbunden sein
nicht im Außen verbunden sein
im Kerne verbunden sein

So tritt eine ganz große Ruhe ein
in dir ein
in allem WAS IST ein

Eine ganz ganz große Ruhe
die einfach IST
makellos IST

da sie IST wie sie IST

Was Leben WIRKLICH IST...

Das Außen kannst du lassen

Durch das im Kern verbunden sein das Außen lassen

Höre da einfach nicht hin
und du ersparst dir viele Sorgen und Umtriebe
und ganz viel Lebenszeit ☺

Sich selbst im Kerne sehen
nicht im Außen sehen
das ist der Punkt
der entscheidende Punkt

Da kannst du die Welt sehen
deine Welt sehen
Ja deine ganz persönliche Welt sehen

Und du tauchst ein
in dieses Paradies ein
und stellst dich ein
Innerlich auch auf dein Paradies ein

So ist das
So einfach

Wie werde ich Teil des Moments...

wenn ich grad nicht im Moment bin?!

In dem du sein lässt was nicht sein muss.

Und wie lasse ich sein, was nicht sein muss?

In dem du dich nicht drum tust ☺
Lass sein was nicht MUSS sein und du kannst ganz
gegenwärtig sein - ganz im Moment sein und dich ans
Moment sein gewöhnen.

Ja das ist ein sich dran gewöhnen, weil es so anders ist -
so zeitlos ist.
So nicht verpflichtend ist. Dir selbst gegenüber und
anderen gegenüber nicht verpflichtend ist. Das bringt
eine ganz andere Energie hervor – Da-Seins-Energie.

Es fühlt sich nach Zeit und Raum haben an.
Keine Verpflichtung.

Es fühlt sich nach in Ruhe gelassen an.
Eine ganz andere Zeitenergie.

Kannst du fühlen diese Zeitenergie fühlen?

Ja ich kann sie fühlen und Sein.
Dieser Raum Sein.
Dieses zeitlose Sein.

Was Leben WIRKLICH IST...

Auflösung des ICH`S will sein,
durch das im Moment Sein,
Eins mit dem Moment Sein,
kann sich lösen - dein ICH sich lösen.

Getraust du dich?

Lass mich fühlen, ob ich will lösen mein ICH lösen...
Was gibt mir dann meine Daseinsberechtigung?

Dein Alles oder Nichts Sein.
Dein Teil vom Ganzen Sein.
Verschmelzung mit allem was IST Sein.

Da führt es dich hin.
Ein ganz anderes Leben.
Das wahre Leben.

Du orientierst dich am Nichts.
An allem was IST ☺

Musst nichts beweisen - weil Alles IST.

So kommst du daher - völlig unschuldig daher.
In Großem Gleichmaß daher.

Weil Alles IST was IST.

Verstehst du?

Ja ich verstehe.

Was Leben WIRKLICH IST...

Ich und Du

Wo bist Du
Bist du mein Ich
Bin ich dein Du

Oder sind wir beide dein Ich
Na was meinst du
Ich meine...

Ich meine
Du bist Du
Und Ich bin Ich
Schön fein getrennt

Und was machst Du mit deinem Sein
Du meinst mein Sein
Nein, dein Sein

Es gibt kein
dein Sein
mein Sein
Es gibt nur ein Sein

Woher weißt du das

Ich weiß es, weil es so IST
Und warum IST es so
Weil es kein dein Sein und mein Sein IST

Was Leben WIRKLICH IST...

Und wieso IST das so

Weil es so IST
Verdammt noch mal einfach so IST
Ich glaub dir nicht

Dann lass es sein
Und bleibe in deinem Sein
Und ich gehe in mein Sein

Schön getrennt soll es sein

Weshalb getrennt
Weil du dein Sein bist und ich mein Sein bin

Schön getrennt
Verstehst du

Ich möchte aber nicht getrennt sein

Dann musst du auch nicht getrennt sein

Und wie kann ich ändern
dass ich nicht mehr muss getrennt sein

In dem Du BIST
Eins BIST
Mit Dir und allem was ist Eins BIST

Was Leben WIRKLICH IST...

Was ist dann nicht mehr

Dein getrennt Sein ist dann nicht mehr
Dein getrennt von Allem Sein ist dann nicht mehr

Nicht mehr getrennt sein
Ist das fein

Ja das ist sehr fein
Koste

Dann kann ich nicht mehr trennen
zwischen Ich und Du

Ja
dann kannst du nicht mehr trennen
zwischen Ich und Du

Nanu

Gefällt dir das
Noch etwas ungewohnt
Doch ich glaube schon

So anders ☺

Was heißt Sein

Sein heißt:
„Ein ganz tiefes in sich Sein"

Sein heißt, mit seinem Inneren Sein ganz tief verbunden zu sein
Keine Fragen mehr im Außen zu haben

Nur noch Eins-Sein mit seinem innersten Sein nur noch Eins zu Sein und dadurch mit allem was IST verbunden zu sein

Was macht davor Zurückhaltung

Dein ICH und deine Definition macht davor Zurückhaltung
weil es ihm dadurch an den Kragen geht
an die Existenz geht

Du verlierst deine Definitionen
ja endgültig verlierst du dadurch deine Definitionen und fällst hinein
dafür hinein in dein Innerstes-Sein hinein
das dich lässt lösen
von allem Alten lässt lösen

Vor was fürchtest du dich am Meisten

Anders zu Sein wie ich dachte
ganz anders zu Sein

Was Leben WIRKLICH IST…

Du meinst vollkommen zu Sein
Du fürchtest dich vor deinem Vollkommen-Sein
Vor deinem Ganz-Sein

Ja, irgendwie schon
Es lässt mich nicht mehr in meinem
gewohnten Verhalten sein

In meinen Lieblingsrollen
Verstehst du

Ja, ich sehe und verstehe
Doch grad glücklich bist du nicht
in deiner Rolle des Meinen

Das ist so
Dass ich nicht wirklich glücklich bin in dieser Rolle

Sag was fürchtet dich wirklich

Dass ich verlassen muss
wenn ich nicht mehr bin in meiner Rolle

Dann lass dich dies entscheiden
wenn du in deinem Sein angekommen

Lass dich dies dann alles entscheiden
beziehungsweise entwickeln

Einverstanden

Nicht Nein sagen können

Ein ganz heikles Muster
dieses nicht Nein sagen können

Ein ganz heikles Muster
weil es zu innerer Veruntreuung führt
Ja zu innerer ganz tiefer Veruntreuung führt

Doch hat man uns ganz sukzessive da hingeführt
in dieses Verhalten hineingeführt
um uns zu brechen
den eigenen Willen zu brechen
das eigene ganz natürliche Da-Sein zu brechen

Und in der Tat
es hat geholfen
zu großer Beklemmnis und Selbstverleugnung verholfen

Dafür sind wir nach außen hin alle so Nett
So ordentlich
so liebevoll und verständnisvoll

Und innerlich gehen wir dabei fast zugrunde

Aus diesem Grunde erlaube ich mir
ja genau aus diesem Grunde erlaube ich mir
nicht mehr einfach nett zu sein

Was Leben WIRKLICH IST...

Auch in der Öffentlichkeit nicht nur immer nett zu sein

Weil es befreit
aus Verstrickung und Selbstverleugnung befreit

Das tut wirklich gut

Probiere es aus

Wir sind Licht – Farbe

Ja wir sind Licht – das heißt
wir sind aus ganz bestimmten Farben
und ergeben eine ganz bestimmte Farbe

Ich erkenne heute
dass ich z.B. ein ganz bestimmtes Hellblau BIN

Was geschieht mit uns
wenn wir merken
dass wir Farben sind?

Dass das
dass einzig Wichtige ist

Dass wir unsere Farbe spüren die wir sind

Das erweitert ungemein
und lässt alle alten Rollen und Verhalten sein

Und das löst uns aus allen Verstrickungen mit dem Nicht-
Sein

Mit was willst du dich Identifizieren
wenn alles Farben sind?

Alles fällt dahin

Was Leben WIRKLICH IST...

Das ist die große Wende

Weil alles ganz einfach fällt dahin

*Alle Orientierungen die auf dem jetzigen Denken
aufbauen fallen dahin*

Und was ermöglicht das?

*Ganz Großen inneren Frieden
und übergeordneten Frieden*

Weil alles Farbe – Licht IST

Je mehr man für sich meint zu wissen

Wenn der Tropf im Ozean entschwindet

Je mehr man für sich meint zu wissen
was richtig und was falsch ist

beziehungsweise passend und unpassend ist

was sich gehört
was sich nicht gehört

je mehr schwindet die Liebe in uns
und für DAS was auf dieser Welt IST

Je mehr Dogmen wir pflegen
umso mehr sind wir am Unterteilen und Verurteilen
am Verneinen

am Erschaffen von Dualität

am Erblinden für das was auch noch IST
auch noch auf dieser Erde IST

In Unakzeptanz
Härte und Trennung
uns Selbst und Anderen gegenüber
landen wir dadurch

Mehr nicht

Was Leben WIRKLICH IST...

Ihr müsst Alles einbeziehen

Ihr müsst Alles einbeziehen - In eurem Leben
einbeziehen

Nicht nur was ihr wollt müsst ihr einbeziehen

Es gilt Alles ein zu beziehen
Versteht ihr

Dazu gekommen
dazu ihr seid auf die Erde gekommen
um Alles ein zu beziehen

Doch ihr wollt perfekt sein

Ihr strebt nach Vervollkommnung
und wisst gar nicht was Vervollkommnung ist

Dass Vervollkommnung nicht ist ohne Fehler zu sein

Was soll denn in euren Augen ein Fehler sein

Es gibt keine Fehler
Es gibt nur Erfahrung

Nichts Anderes will sein
wie Erfahrung will sein
ganz ganz große Erfahrung

Was Leben WIRKLICH IST...

Ihr sollt euch also nicht erlösen
vom so genannt Bösen erlösen
weil es das nicht gibt

Es das Böse nicht gibt

Doch dass wollen die Meisten nicht so sehen
Sie wollen Hell und Dunkel sehen
Sie wollen nicht alles was IST sehen
Sie wollen die Wertung sehen
Die Bewertung in Allem sehen

Sie wollen bekämpfen
Das Universum damit bekämpfen

Sich selbst bis ins Tiefste bekämpfen

Und merken dabei nicht
ja und bemerken dabei nicht
dass das einfach nicht geht

Nicht Auftrag ist
Nicht Auftrag ihres Kommens IST

Und darum auch nicht geht

So einfach das ist
so einfach

Was Leben WIRKLICH IST...

Es gilt nicht Grundgesetze zu verändern
So wie es einem grad passt zu verändern

Es gilt zu lernen
von den Grundgesetzen zu lernen
die da herrschen
im Universum und auf Erden herrschen

Was meint ihr dazu

Nichts mehr bekämpfen

Es schneit ganz fein in das Morgenlicht hinein

Was für ein Frieden
der allem Raum lässt
auch dem Nicht Sein seinen Raum lässt
ohne es zu bekämpfen ☺

Ich muss nichts mehr bekämpfen
auch mein Raum Sein nicht mehr bekämpfen
weil ich nicht halte aus
mein Raum Sein aus

Weil ich mich nicht mehr wehren muss

Gegen das was in mir ist wehren muss
Ich es nicht mehr bekämpfen muss
Weil es darf sein
so wie es grad will sein

Weil ich es kann sehen
in seinem Ursprung und Kommen kann sehen

Und weil es spiegelt
etwas in der Welt zum Wohle der Welt spiegelt

Ja zum Wohle der Welt spiegelt

Was Leben WIRKLICH IST...

Es spiegelt immer zum Wohle der Welt
damit sich kann lösen
das Unausgesprochene kann lösen

Aus den Zellen lösen
Aus den Energien lösen
Aus den Gesichtern lösen
Aus dem Verhalten kann lösen
Aus der Gesellschaft kann lösen

Ja Alles will sich lösen
derzeit lösen
aus Allem lösen

Das ist bedingt
durch das Licht bedingt
durch das jetzige Licht auf Erden und im ganzen Kosmos
bedingt

So was von fein

Weil darin ganz Große Befreiung enthalten
Für alles was ist ganz ganz Große Befreiung ist enthalten

Zum Wohle aller
Zum tiefen Wohle aller und von Allem

Halleluja

Was Leben WIRKLICH IST...

Weil ihr Menschen euch nicht wollt im Großen Frieden lassen

Noch nie wolltet ihr euch lassen
Im Frieden lassen ☺
Ja noch nie

Weil es anspruchsvoll ist
Sich im Frieden zu lassen anspruchsvoll ist

Weil es der Größe bedarf
Wahrlich der Größe des Ureigensten-Seins bedarf

In dieser Milde mit sich zu Sein
Ohne Wertung zu Sein

Zu erkennen
in allem den Ursprung zu erkennen
dass da etwas will Sein

In seinem Ausdruck und Kommen will Sein
und sich gebärt
so wie es sich eben gebärt

Dies bedarf es zu erkennen
auf ureigenste Weise zu erkennen

Damit sich kann
Damit sich kann Manifestieren
dieses in Sich-Sein manifestieren
in allem was IST

Was Leben WIRKLICH IST...

Es bedarf nicht der Toleranz
Es bedarf des Erkennens

Weil alles erkannt sein will
Gesehen sein will

Von Allem was ist gesehen sein will
Ja von Allem was ist gesehen sein will

Drum verstecket nicht
was gesehen sein will
was gelebt sein will
was Ausdruck im Moment sein will

Drum verstecket nicht
Nur so kann Sein
was wirklich will Sein

Muss nicht hinter vorgehaltener Hand sein

Darf sein
Muss nicht mehr Abartig sein
weil es darf sein

Auch darf sein wie die Liebe darf sein
denn es ist Teil der Liebe

Alles entspringt aus der Kraft der Quelle der Liebe
Alles Liebe

Was Leben WIRKLICH IST...

Es gibt nichts das nicht entspringt
der Quelle entspringt

Habt ihr das vergessen

Durch eure Gesetze-Macherei vergessen
Durch euer in Wertung sein vergessen

Ja ihr habt vergessen
dass alles will Sein
auf Erden will Sein

Dass ihr alles sollt erfahren
mit eurem Erdensein sollt und dürft erfahren

Dass es nur darum geht dies alles zu erfahren
und so mit sich im Frieden zu sein

Das ist der tiefgreifende Wandel
Das ergibt den tiefgreifenden Wandel der gerade IST

In euch Allen am Laufen IST
Ausnahmslos in Allem und in Allen am Laufen IST

Haltet offen

Eure Ohren offen
Für das was IST offen ☺

In großer Dankbarkeit für das was IST

Was Leben WIRKLICH IST...

Ich muss nicht Da-Sein – Ich darf Da-Sein

Von all den Möglichkeiten in dieses Leben gerufen

Hei was für ein Sein
Was für ein Dürfen

In dieses Leben kommen zu dürfen

Um zu erwachen
Als Mensch zu erwachen

Von alter Besorgnis erwachen
Von altem Kummer erwachen

Auf dem Seins-Grund zu erwachen
Mit sich selbst zu erwachen
Zu neuem Leben erwachen

Das ist der Grund deines Kommens

Auf Erden Kommens
Ja, das ist der einzige Grund deines Kommens

Dass du kannst Erwachen
Zu neuem Leben erwachen
Zu deinem wahren Leben erwachen

Dass du nicht bleibst stecken
In alten Formen des Lebens stecken

Was Leben WIRKLICH IST...

Dass du dich kannst befreien
Selber befreien
Aus Angstmacherei befreien

Um zu entwerden

Ja, ganz einfach um zu entwerden
Dem Nicht-Sein zu entwerden

Das ist Leben

Sich von nichts müssen distanzieren

Einfach Sein

Alles IST

Auch ich BIN IST

Nichts muss sich stören
denn nichts gibt es zu stören

Denn es hat genug Raum für Alles was IST

Was Leben WIRKLICH IST...

Lasst mich in Stille Sein

das ist so was von fein

nicht sprechen zu müssen
nicht reden zu müssen
nicht antworten zu müssen

Menschen stellt das Reden ein
und es kann so viel Frieden in euch und um euch sein

Ja hört auf zu reden
und ihr könnt pflegen
eure Herzen

Euer ureigenstes inneres Sein
euer Kommen pflegen

Weil ihr einfach nicht müsst reden
mit anderen Menschen müsst reden

Weil ihr einfach habt dadurch ganz viel Zeit
Lebenszeit

Stille-Zeit

Darum lasst das Reden
es trägt euch fort von euch
von eurem innersten Sein fort

Versteht ihr euch

Was Leben WIRKLICH IST...

Keine Dogmen haben

Stell dir vor
Eine Welt ohne Dogmen vor

Was ist das für eine Welt

Eine ganz andere Welt

Das ist nicht unsere Welt
Die uns bekannte Welt
Das ist eine ganz ganz andere Welt

Alles kann sein
in dieser Welt ohne Dogmen sein

Ja alles kann sein

Alles ist zugelassen
nichts muss man fassen
alles ist einfach rundum zugelassen
und darf so sein wie es grad will sein

Kannst du dir das vorstellen

In dieser Welt möchte ich sein

Und du

Das ist die Welt der Liebe ...

dass Alles sein kann wie es IST

das ist der ganze Lebenssinn
dass man nicht soll stören - die Dinge stören

dass man mit Allem was ist zufrieden ist

Dies das Große Geschenk an uns Alle ist

So nimmt alles seinen ureigensten Verlauf
den man nicht soll bestimmen
aus irgendeiner Menschensicht heraus soll bestimmen

So hat alles seinen Verlauf
seinen ganz natürlichen Verlauf

Und du kannst dich darüber freuen
dass alles hat seinen ureigensten Verlauf

Was Leben WIRKLICH IST...

Wir dürfen aufhören

Wir dürfen aufhören
mit erniedrigenden Sichtweisen aufhören

Juhuiiii ich muss nicht mehr gut sein...

und kann so Sein wie ich Bin

Heute schliesse ich Frieden

mit meinem nicht erfolgreich sein Frieden
und das bringt so viel Freude und Frieden

und ich kann endlich all meine Bemühungen lassen
ein Jemand zu sein

Was uns immer wieder trennt

Von unserem Innern trennt
Von unserem Klingen trennt

Uns vom Paradiese trennt
und von unserer Poesie trennt

Ist die Versachlichung der Sprache

Die Art wie wir reden
Das ist kein Reden

Das ist ein Hinunterbrechen
Ein Zerteilen

Bis alles Verstummt
Was einst so lebendig war

Voller Leuchten war
Voller Beseelung war

Was folgt ist ein inneres Verstummen
Auch ein Äußeres Verstummen

Bis nichts mehr summt
Alles nur noch brummt

Erledigt liegst du da

Was Leben WIRKLICH IST...

Getrennt

Bis ins Kleinste getrennt
Von Allem was IST getrennt

Und dadurch so gehemmt

Weil nichts mehr in dir leuchtet
Nichts mehr in dir klingt

Wir dürfen eine andere Sprache finden

Wir dürfen finden
eine ganz andere Sprache finden

Die uns verbindet
uns mit unserer Schönheit
mit unserer Herkunft
mit unserem Kommen verbindet

Eine Sprache die klingt
Eine Sprache die singt

Eine Sprache die leuchtet

In dir leuchtet
aus dir leuchtet
in den Augen der Anderen leuchtet

Das ist schwingen
Mit allem was IST schwingen

Im gleichen Rhythmus sein
Nicht mehr gestört sein

Durch Worte die befremden

Und alles trennen

Was Leben WIRKLICH IST...

Hörst du dir gerne zu

Wenn du redest

Spürst du deine Melodie

Wie klingt sie in deinen Ohren

Was macht sie
mit dir und den anderen

Bist du gestimmt
Eingestimmt auf alles was da in dir klingt

Neonlicht blendet

Schrill dieses Licht

Im Kerzenlicht
ladest du ein
den Liebsten ein

Verstehst du

Was Leben WIRKLICH IST...

Abgrenzung

Brauchen die eigenen Gedankengänge

Damit du dich in Ruhe lassen kannst
Dich Sein lassen kannst

Denn sie bringen Verunreinigung in dein ganzes System

Es ist dein Denken

Dass dich in die Knie zwingt
Dass dich nicht lässt strahlen wie ein Kind

Dass dich durch die Welten jagt
Und dein Leben bestimmt

Ja es ist nur dein Denken...

Was Leben WIRKLICH IST...

Sich identifizieren

Mit was...

Achte genau darauf
mit was du dich willst identifizieren

Denn es hat ganz sicher Große Auswirkung
auf dein mit dir auf dieser Erde sein

Ob du gehetzt willst sein
unter Druck willst sein

Ja, alles hat seine Konsequenzen

Bis ins Kleinste
Bis ins Feinste

Erinnere dich daran

Wenn es aus deinem WAS genau spricht...

Aus deinem gemeinten Sein
aus deinem gemachten Selbst heraus betrachtest und
sprichst

wo ist
wo liegt dieses Teil genau in dir

kannst du es fühlen

In deinem Körper fühlen
in deiner Energie
in deinem Geist fühlen

Ich fühle es in meinem MEINEN

und wo genau liegt dein Meinen

Wenn dein Meinen mit dir spricht
zu dir spricht oder mit dir spricht
du müsstest dies
du müsstest noch das

und du müsstest überhaupt noch

kennst du dieses Meinen

Wo genau in dir sitzt dieses Meinen

Ist es in dir
in deinem körperlichen Sein
oder ist es ein gedachtes Sein

Was Leben WIRKLICH IST...

Ja wo genau ist dieses Sein in dir zu Hause

Was bist du dann für eine Energie

Eine selbst gemachte Energie
eine wohlwollende Energie
eine offene Energie
eine erniedrigende Energie
eine alles was IST einbeziehende Energie

Kannst du fühlen
kannst du sehen
diese Instanz in dir fühlen

Abhängig davon wie die nun aufgebaut
ja wie dein Selbstbild nun aufgebaut

Abhängig davon
was du als gut betrachtest
oder als schlecht betrachtest
abhängig davon
ja nur abhängig davon ist daraus dein Gehabe
nur Abhängig davon

Verstehst du

Ich glaube noch nicht ganz...
ganz schön eklig

Weshalb denn eklig

Ja weil es mich gruselt
dass das so ist

Was Leben WIRKLICH IST...

Dass das so entscheidend für das eigene Leben
und das eigenen Verhalten ist

Dass dieses Bild
dass man sich einst hat gemacht
dies alles entscheidet

Über gut oder schlecht entscheidet

Und schon bist du im Kopf
und nicht mehr in deinem gefühlten Sein
und machst dich dauernd klein

Nicht groß fühlend
Klein fühlend
und groß denkend
will es dann mit dir sein

Du glaubst du könntest erfassen
alle Zusammenhänge erfassen
und sie ordnen, bzw. ordnen lassen

Doch ganz anders dein Sein

Das braucht nicht dein erdachtes Sein
Dass braucht kein beobachtendes Sein

Das braucht nur deine gefühlte innerliche
und äußerliche Zulassung

So ist das mit deinem wahren Sein

Es braucht nur deine totale Zulassung
des Eins-Seins Wollens

Was Leben WIRKLICH IST...

Eins-Sein wollen

heißt mit nichts mehr im Widerstreit sein wollen

so einfach

verstehst du
fühlst du

Das ist wahre Größe
Das ist wahre Zulassung

Da gibt es so glaube ich nichts mehr dazu zu sagen

Da ist schon alles wunderbar formuliert
und Haargenau beschrieben

Was Leben WIRKLICH IST...

Leben als unpersonifiziertes Sein

Keine Anhaftungen mehr in sich haben

Da geht es um eine ganz ganz tiefe Gehör-Gebung
in deinem Innern

In deinem tiefsten Innern
Ein dich ganz auf dein gefühltes Sein einlassen

Ein dich hingeben
ja du gibst dich hin

Deinem nicht mehr mit dir Da-Sein hin

Der Eins-Werdung hin
deiner persönlichen Auflösung hin
deines ICH Seins hin

Fühlst du

Ja ich fühle

Was genau gibst du da hin

Ich gebe Ansichten und Sichtweisen hin
an mein Selbst hin
ja an mein Selbst hin
somit gebe ich mein ICH hin

Meine Darlegung
meines so genannten ICH Seins hin
und was das überhaupt ist

Was Leben WIRKLICH IST...

Selbstgefälligkeit gebe ich hin

Ein mein Selbst übergehen
gebe ich hin

Ein mich nicht spüren wollen
gebe ich hin

Ein für mich nicht ganz Da-Sein wollen
gebe ich hin

Ein nicht unendlicher Raum Sein
gebe ich hin

Ich gebe dies für mein Wahr Sein hin
für mein Authentisch Sein hin
für mein Da Sein
Erden Sein hin

Ein unglaubliches hin
ein ungeahntes hin
ein beachtliches hin

Denn es wird verändern
mein Leben von Grund auf zum Wohle meiner
und zum Wohle aller verändern

Denn es ist von grundlegender Natur
Da-Seins-Natur

Miteinander-Sein-Natur

Ohne Verstrickungen-Sein-Natur
Ein unendliches Beieinander-Sein-Natur

Was Leben WIRKLICH IST...

Ganz anderer Sprache diese Natur
Ganz anderer Sprache

Was für eine Natur

Mein ICH ist nicht mehr da

Meine Energie ist da
mein Körper ist da
mein Geist

Was ist das für ein Da

So komplett anders dieses Da

So unschuldig
so unbesetzt
so frei

Innere ganz große Wandlung
nenne ich dich

Ja Innere
ganz ganz große Seelenwandlung

Hin zu deiner Selenwandlung hast du dich bewegt
seit jeher dahin hast du dich bewegt

Du gehorchst nicht mehr den Äußeren Formen und
Normen
du gehorchst nur noch deinem Inneren Sein

Mehr will da gar nicht mehr sein

Was Leben WIRKLICH IST...

93

wie dieses Eins-Sein
mit deinem Inneren und übergeordneten Sein
Was ist das für ein Erden-Sein
so mit sich auf der Erde zu sein

Ein großartiges
nicht von außen bestimmtes Erdenken

Großartig

Entzogen
vollständig entzogen
den kulturellen Verstrickungen
vollständig entzogen

Frei von Rechthaberei
genährt du bist
vom Eins-Sein genährt du bist

Mehr muss da nicht mehr sein

Was ist das für ein Zusammensein

So umfassend einbeziehend
zärtlich und zutiefst liebevoll

Was willst du mehr

Es gibt nicht mehr
wie Da-Sein auf diesem Da-Seins-Grund

Wahrhaftigkeit IST

Was Leben WIRKLICH IST...

Ganz große Liebe ist
eingezogen in mir

Ich lasse mir meinen unendlichen gefühlten Raum
in mir und mit mir…

Ein unendlich Lachen durchflutet den Raum des Seins

Was für eine stille Ekstase
was für ein mit mir Sein

Energie Sein
Licht Sein

Halleluja
was für ein Sein

Entwerdung IST

Mein Hohes Selbst zieht ein

Was Leben WIRKLICH IST…

Wer bist du ohne dein Fühlen

so spricht es heute zu mir...
und ich weiß, ich bin gar nichts ohne mein Fühlen.

Ich bin lediglich ein selbst programmiertes Ding
Mensch genannt
das sich nach Glaubenssätzen bewegt
spricht, schläft etc.

In der Tat nicht wirklich ein Leben
Geschweige denn ein freies Leben

Viele Menschen sprechen von frei sein
und dabei merken sie noch gar nicht
dass sie nicht einmal Da Sind

Ja buchstäblich Da sind

Sie bewegen sich zwar
Sie essen, sie schlafen, sie arbeiten, sie tanzen
sie machen Sport und und

Doch sie sind gar nicht richtig Da

Damit möchte ich sagen
dass sie sich ihrer gar nicht Bewusst sind

Ein endloses Thema
Ein nie endendes Thema
weil es sich dreht selbst im Kreis

Keine wahrliche Neuentwicklung daraus hervor geht

Was Leben WIRKLICH IST...

Lediglich eine maximale weitere Entwicklung
in der gleichen Richtung
Ausrichtung

Mehr ist es nicht

Und wenn man dem will entkommen
dann kann man ihm entkommen
auf einfache Art und Weise ihm entkommen

In dem man sich einlässt
auf sein ureigenstes Da-Sein einlässt
dass in jedem
in jeder ist vorhanden

Vielleicht nur noch ganz wenig
und ganz still ist vorhanden

doch es ist vorhanden
und das ist das Einzige was gerade zählt

Willst du wahrlich den Pfad verlassen
denn du dir selbst eingerichtet hast
dann kannst du ihn auch verlassen

um genau dorthin zu gelangen
wo du von Natur aus hingehörst.

Willst du wahrlich den Pfad verlassen
um dorthin zu gelangen
wo du von Natur her hingehörst

Was Leben WIRKLICH IST...

dann gibt es einen Weg
einen für Jedermann
und jede Frau gangbaren Weg
des sich selbst Betrachtens

Nicht mit dem Äußeren hat dies zu tun
Nein vielmehr mit deinem Innern hat dies zu tun

Mit deinem dir ganz gegenwärtig sein
und in keiner Vorweg-Nahme mehr mit dir sein

So wirst du gelangen
ganz ganz tief in dein Innerstes gelangen

Da wo du bis anhin noch nie bist gewesen

Da wo es noch ganz unberührt und still
in dir drin
und in allem was ist still ist

Da brauchst du dich nicht zu wehren
da brauchst du auch nicht zu kehren
den alten Staub zu kehren
weil es noch keinen Staub aufgeworfen hat

Ja weil es an diesem Ort noch keinen Staub
aufgeworfen hat

Weil du selbst an diesem Ort
noch keinen Staub aufgeworfen hast

verstehst du

Genau da drin
wartet deine größte Kostbarkeit

Da drin wartet
dein ureigenstes Sein
auf dein von dir selbst gesehen sein

verstehst du

Folge deiner Heiterkeit

das Leben ist so voller Heiterkeit
dass es einfach fantastisch ist

Doch wir Menschen scheinen zu vergessen
dies auf dieser Erde immer wieder zu vergessen
und zu verlieren

Diese Gnade der Heiterkeit

Ja ich spreche da ganz bewusst von Gnade
denn es ist eine menschliche Gnade
Heiter und offen zu sein

Heiter und offen für das Leben zu sein

Doch meistens wenden wir uns zu
dem Gegenteil zu

Dem nicht heiter sein
dem nicht offen sein
gegenüber dem was wirklich ist zu

Wir verschwenden dadurch auch einfach unsere Zeit
unsere Lebenszeit
und werden schwer
und unbeweglich

Was Leben WIRKLICH IST...

Bist du für dies
für genau dies auf die Erde gekommen

Ja lieber Mensch
hast du dich schon mal gefragt
ob du wirklich für dies auf die Erde gekommen bist

Ob du nicht für das Hören vom Wind
das Rauschen der Blätter
das Rauschen des Flusses
gekommen

Ja für genau dies auf die Erde gekommen bist

Um all dies zu hören
Um all dies zu genießen

Über dich und das Leben zu lachen

Ja auch über all die verschiedenen Lebensarten zu lachen

Sie nicht aus zu lachen
einfach ganz ganz herzhaft über all die verschiedenen
Da-Seins-Formen zu lachen

Weil sie alle selbst gewählt
Ja weil sie buchstäblich alle von uns einst selbst gewählt

Was Leben WIRKLICH IST...

Natürlich kannst du nun sagen
lieber Mensch sagen
dem sei nicht so

Doch schau
was bringt dir dieses Sagen von dem
das ist nicht so

Bringt es dir die Freiheit
die Heiterkeit
das losgelöst von aller Schwere sein

Bringt es dir das erwünschte Glück

Oder bringt es dir lediglich Fantasterei
denn mehr ist es nicht
einfach nur in einem anderen Bereiche

Schwer zu verstehen
scheint dies für uns Menschen in unserer Kultur
noch etwas schwer zu verstehen

Doch im Nu
kannst du es fühlen
wenn du es möchtest

Die losgelöste Heiterkeit fühlen
Ja die von allem losgelöste Heiterkeit fühlen
die in allem ist

Die so Großartig ist
so wohlwollend einfach für uns alle da ist

Was Leben WIRKLICH IST...

Und sie ist sogar gratis

Verstehst du

Sie kostet dich nichts
weil sie einfach da ist

Sie kostet dich keine Schwerarbeit
im Gegenteil
sie kostet dich lediglich ein mit deinem Herzen ganz
präsent sein
und dich daran zu erinnern
dass es im Leben viel mehr wie Anstrengung gibt

Dass es die Liebe gibt
das Heitere
das Leichte
das Wohlwollende für uns alle gibt

Ein Großes Miteinander gibt
zum Wohle aller

Ja nur an dies müssen wir uns erinnern
und schon kehrt die Heiterkeit ein
eine ganz ganz andere Energie
in deinem Da Sein ein

Und du spürst alles
was es zum Leben braucht

Was Leben WIRKLICH IST...

Willkommen in diesem Fest der Liebe

Der Heiterkeit
die in uns weilt
seit jeher in uns weilt

Ein so großer Segen
der einfach weilt
seit jeher in uns weilt

Von Herzen wünsche ich euch ganz ganz viel
innere wahrnehmende Heiterkeit

Was für ein Segen

Die Lichtenergien sind sich am erhöhen...

was gleichzeitig auch bedeutet
dass wir fähiger werden
die Dinge so zu sehen wie sie wahrlich sind

Ja
so wie sie in der Tat sind

Nicht so wie wir meinten
dass sie sind

Was Leben WIRKLICH IST...

Karoline Steinmann Frey

Mich interessiert, um was es im Leben wirklich geht...

Ich bin 1963 geboren - verheiratet - und erhalte seit vielen Jahren so genannte Ursein Sagen – Botschaften „zur aktuellen Zeit" aus der Sicht der Liebe.

Mystagogin*, Licht-Botschafterin, Aufweckerin

Mystagogie* ist die Kunst, Menschen in das Geheimnis ihres eigenen Lebens, der Welt und zugleich Gottes hineinzuführen.

In meinem Wirken bin ich in gefühltem Kontakt mit dem, was hinter allem steht. Mit dem Licht - der geistigen Welt - dem Göttlichen. Über dies kann ich mein Licht Sein empfangen. Mein Licht heilt von Unterdrückung, alter Moral und die täuschende Sicht auf das, was WIRKLICH IST.

Was Leben WIRKLICH IST...

Ich BIN eine Heilerin der Sicht, eine Mystagogin und eine Botschafterin...

des Lichts
der Würde
der Hingabe
des natürlichen Sein
des miteinander Seins
des würdig Seins

Mein Wirken

In meiner Tätigkeit bin ich an einem Punkt der Barmherzigkeit - Treffpunkt universeller Energie - das Eigentliche.

So habe ich die Gabe wahrzunehmen und zu hören, was in diesem Moment gelebt werden möchte - doch von den Meisten übersehen oder für unbedeutend gehalten wird.

Dies drückt sich dann durch mich in unterschiedlichen Formen aus. Über die Sprache, in so genannten Licht-Botschaften, meistens in Poesie, einer Form von Ursprache – Seelensprache – Zellsprache.

Sie kommuniziert direkt mit den Zellen und dem Unterbewusstsein - über die Arbeit mit dem Körper oder über das Energiefeld.

Ich ermögliche den Menschen dadurch, mit ihrer eigenen Spiritualität - dem Geheimnis der Liebe - der Wahrheit des Lebens, auf die alle Weisheiten hinzeigen, in Kontakt zu kommen.

Ich als Person habe nichts zu sagen.

Ich - man ist besser still.
Dann erst kommt das wahre Sagen.
Aus der Stille. Aus dem Bewusstsein für das Feld.

Zu meinem Weg

Auf der Suche nach Wahrheit

Seit jeher interessiert mich was Wahrheit IST - Was hinter allem steht und was damit WIRKLICH gemeint ist. Mich interessiert auch, was Leben WIRKLICH IST. Was die Essenz IST. Der wahre Dialog und für was wir Menschen da auf der Erde sind.

Ich glaube nicht an das was die Menschen einem erzählen.

Seit ich mich erinnern kann, habe ich nie an das geglaubt was mir die Menschen erzählt haben. Immer wusste ich in mir, dass es da eine andere Wahrheit geben muss.

Es fühlte sich einfach nie richtig an. Es fühlte sich nach Eigendünkel an, nach eigen Interesse, nach einem Verdrehen der Welt, so wie es einem gerade passt und wie man sich die Welt zum eigenen Nutzen zurechtschustern kann.

So hatte ich oft das Gefühl, wo bin ich denn da gelandet. Was ist das denn für eine Welt. Nicht meine Welt, eine kuriose Welt, eine verdrehte Welt. Nirgends konnte ich trauen...

Je mehr geredet wurde, umso grösser meine Verwirrung - und - ich wusste danach gar nicht mehr wirklich wo ich bin. Ich brauchte buchstäblich Zeit um mich zu entwirren, da ich ganz einfach beduselt war. Doch bekam ich für meine Entwirrung gar nicht wirklich Zeit.

Was Leben WIRKLICH IST...

In der Familie war fast immer etwas los, dann in der Schule, in der Freizeit...

Ja eigentlich ging es pausenlos weiter und ich war wie in einem Film.

Wie ich am Ende meiner Lehrzeit in Zürich angekommen war wusste ich nur eins - dass ich diese Stadt verlassen muss, da ich sonst sterbe. 3 Tage danach bin ich aufs Land nach Versam gezogen.

Auf Spurensuche wie Leben in seinem Ursprung gemeint ist.

Auf Spurensuche bin ich gegangen. Habe mich damals ganz unbewusst aufgemacht die Wahrheit zu erforschen, denn ich wollte Wissen was Leben WIRKLICH IST, wie Leben in seinem Ursprung gemeint IST. Wozu wir auf diesen Planeten gekommen sind und was unsere Aufgabe auf diesem Planeten IST.
Ob wir abgeschottete Lebewesen sind oder in einem Verbund sind, beziehungsweise aus einem Verbund sind.

Was Leben WIRKLICH IST...

Als erstes machte ich mich selbständig…

Ich wollte wissen was wie funktioniert, ohne dass mir jemand etwas vorwegnehmen kann und ich dadurch nicht erkennen kann, ob ich bereits schon bei der Basis - beim Kern der Sache angekommen bin.

Ja, der Kern der Sache, das war für mich die große Suche, die große Herausforderung, die große Sehnsucht. Mit dem Kern in Berührung zu kommen. Dadurch erhoffte ich mir mit der Wahrheit, dem dahinter Liegenden in Kontakt zu kommen.

Da ich nicht wirklich religiös aufgewachsen bin, den Konfirmationsunterricht eher als Pflicht betrachtete, da mir mein Religionslehrer bei den für mich bedeutungsvollen Fragen immer ausgewichen ist und die Gottesdienste mich in keinster Weise auf irgendeine Art berührten, außer dass ich von meinem Großvater mürrische Blicke bekommen habe, brachte ich die Religion in keinster Weise in Verbindung mit etwas Größerem. Uns allen Menschen Wohlgesinnten.

Ganz im Gegenteil. Religion wurde für mich ganz schnell zu einem nicht wohlwollenden Glaubensdogma, welches mich der Wahrheit - dem Kern des Lebens nicht im Kleinsten hätte näherkommen lassen.

So wusste ich nur, dass dies nicht mein Weg war und wäre auch nicht auf die Idee gekommen, dass das, nach dem ich mich sehnte irgendeinen Zusammenhang mit dem hinter den Religionen stehenden größeren Ganzen zu tun haben könnte.

Dies ließ mich erforschen. Ich habe vieles bis auf den Grund erforscht. Ich habe das Geschäften bis auf den Grund erforscht.

Ich habe mich mit dem menschlichen Lernen, damals im Zusammenhang mit dem Kanusport – sprich: sich als Mensch in der Natur auf und mit dem Element Wasser zu bewegen und was dies so alles in sich birgt. Welche Ängste, welche Themen... tiefgehend auseinander gesetzt.

Das Schöne im Zusammenhang mit dem Fluss war, dass man sich da nichts mehr vormachen konnte. Auf dem Wasser war jeder ab einem gewissen Moment sich selbst.

Keine Hülle, keine Maske, ganz einfach sich selbst.

Das hat mir gefallen - Diese Enthüllung.

Weiter geht die Geschichte im Buch;
Die Welt der Liebe IST...

Was Leben WIRKLICH IST...

Mehr Informationen über Karoline und ihr Wirken findest du:

www.spirituelleszentrum.ch

Weitere Licht-Botschafts Bücher:

- *Das Bewusstsein vom alten Paradies*
- *Die Welt der Liebe IST...*
- *Wenn alte Ängste sind...*

Und weitere sind in Bearbeitung

Was Leben WIRKLICH IST...

Gedanken der Lektorin:

Das neue Buch von Karoline,
„Was Leben WIRKLICH IST", ist ein großes Geschenk an
uns Menschen.

Über den Sport habe ich Karoline kennengelernt. Sofort
wurde mir bewusst, dass es im Sport und im Leben noch
andere Wege geben muss, als hart zu trainieren oder
Dinge auf Vorrat zu lernen.

Ein selbständiger, selbstverantwortlicher Mensch wollte
ich werden, woraus sich das Lernen auf allen Ebenen
ganz leicht ergibt.

Seit vielen Jahren darf ich zusammen mit Karoline all die
Schritte gehen, die gegangen wurden, bis zu diesem
Buch. Und ich weiß, es wird immer weitergehen.
Weitergehen im Fühlen, im Hineinlauschen, damit die
Orientierung in sich selbst, im eigenen Ur-Sein und nicht
im Außen stattfinden kann.

All die Licht-Botschaften, führen mich meinem Ur-Sein
näher, auf allen Ebenen. In liebevoller Weise, klar und
für alle verständlich, sofern man sich den Botschaften
öffnet.

Liebevoll auf ganz ehrliche Weise, klar und dadurch klärend. Unmissverständlich und dadurch wegweisend.

Manchmal auch beängstigend und anfangs unfassbar. Doch fürs große Ganze erlösend, befreiend.

Und immer näher darf man sich selber und dadurch allem kommen.

Sodass das erste Gebot der Bibel: Liebe deinen nächsten wie dich selbst Wirklichkeit werden kann.

In großer Dankbarkeit, in meinem Leben diesen Weg gehen zu dürfen wünsche ich uns allen Menschen wahre Liebe und Licht, Freude und Frieden.

Fabia Caminada

Herausgeber: Karoline Steinmann Frey

Urheberrecht

Das vorliegende Buch ist in vollem Umfang Urheber-Rechtlich geschützt. Der vollständige sowie der teilweise Nachdruck, die Verbreitung durch Fernsehen, Film, Rundfunk und Internet, durch fotomechanische Wiedergabe, Datenverarbeitungssysteme und Tonträger jeder Art sind nur mit schriftlicher Genehmigung der Herausgeberin gestattet.

Hinweis

Leerzeilen und Umbrüche entstehen u. U. aufgrund der unterschiedlich genutzten Geräte wie Tablett-PC, Smartphone, Minitablett, Kindle, iPad usw. Der Autor hat auf diese Tatsache keinen Einfluss.

Haftungsausschluss

Die Inhalte des Buches wurden nach bestem Gewissen des Herausgebers erstellt. Trotz größtmöglicher Sorgfalt können Fehler nicht ausgeschlossen werden. Der Herausgeber übernimmt aber keine Gewähr oder Haftung für die Richtigkeit, Vollständigkeit und Aktualität der enthaltenen Informationen und Inhalte. Der Leser/die Leserin ist für sein/ihr Handeln selbst verantwortlich. Es wird keine Haftung für mögliche Schäden übernommen, die direkt oder indirekt mit der Verwendung dieses Buches entstehen. Alle Empfehlungen und Vorgehensweisen sind nach bestem Wissen recherchiert. Jegliche Haftung ist somit ausgeschlossen. Dieses Buch ersetzt auch keine professionelle Beratung!

Was Leben WIRKLICH IST...